Silvia Blanco

¡Poesía, Siempre!

Silvia Blanco

¡Poesía, Siempre!

La poesía genera éxtasis

JustFiction Edition

Imprint

Cover image: www.ingimage.com

Publisher:
JustFiction! Edition
is a trademark of
International Book Market Service Ltd., member of OmniScriptum Publishing Group
17 Meldrum Street, Beau Bassin 71504, Mauritius

Printed at: see last page
ISBN: 978-613-9-42566-2

VIEJO ROBLE

Viejo Roble...
a ti te dejo
mis Recuerdos,mi Tristeza.
Mi Dolor,
a ti te ofrezco.

Roble Viejo...
mi Esperanza,
un buen Amor,
ser Feliz...
¡Te lo prometo!

Silvia Blanco poeta*Argentina

PENÉLOPE (A las Penélopes)

¿Cuánto puede esperar una mujer,
el regreso de un hombre a quien se ama?
¿Cuánto esperar los hijos, que una vez, juntos
se sueña,se imagina,se nos mata?
¿Cuánto frenar los años que envejece
y,retener el llanto?
¿Cuánto más ser Penélope?
y rechazar los hombres que se ofrecen,al paso.
¿Cuánto puede esperar un hombre?
el que jura que me ama;
si cuando espera es duda y,desconfía,
y encuentra quien suavice su cama.
Ayer,Penélope tejió para él...
y ella,¡murió de frío esta mañana.

Silvia Blanco poeta*Argentina

A PESAR DE LA DISTANCIA

Ya sé que duele el corazón
al partir,
y que queda clavada parte
del alma aquí.

Que es cruel el desconsuelo;
el desafío gris del porvenir,
el rencor se hace hielo
y el pensamiento nos quiere destruir.

¡Es la distancia un océano ruin!
que se nos burla de quien tanto queremos.
Y se espera una carta hasta el fin.
¡Algo!, que nos entibie los recuerdos.

¡Estaremos juntos!
Aunque larga la distancia sea.
Ya sé que es cruel para el que parte
pero también para el que queda.

Silvia Blanco poeta*Argentina

CANTO DE CUNA A LUCÍA

Lucía: una chispa en el vientre,
que reparte esperanza,ternura.¡Es la vida!
Ella fue la caricia de papá junto a mis pechos
y,fue el amor de dos,así...Lucía.
El dolor de parir,el no querer nacer,
el tener que empujarla al golpe con la vida...
Y encontrarse a lo bruto con el ruido y la luz
y un beso de mamá que suaviza la herida.
¡Así nació Lucía!

Lucía: el llanto en la cuna,el sueño,lasonrisa.
Papá y Mamá: El amor,
una flor,el regalo,
el esfuerzo,la dicha.
Será después sus primeros juguetes,
la cara sucia,feliz el caminar,
un niño como otros y con su misma suerte.
Si tropieza en la vida,volverá a levantar.
¡Como mamá y papá!

... La mirada de un hombre
su primer desengaño,
suave como la brisa,
que despeina y despacio.
Creerá tener el corazón hecho pedazos.
¡Y tendrás nuestras manos!

Lucía: el nacimiento, la vida,el amor.
Pero ante todo, la dura aventura de ser mujer.
no olvides nunca que ante el menor dolor
están mamá y papá que te esperaban nacer.
Lucía:un canto al Amor, al querer.

Silvia Blanco poeta*Argentina

EL AMOR ME CAMBIÓ

Dicen que el amor
te cambia la vida,
te pinta de rosa
la gris alegría.

A mí, sin embargo
me cambió la vida,
me dio rosas negras,
mató mi alegría.

Decían que daba
a los labios: sonrisas,
el brillo: a los ojos
y al dolor: la dicha.

A mí me ha doblado
la boca de prisa,
los ojos nublado.
Hirió mis caricias.

Dicen que el Amor
la vida te cambia.
A mí me cambió
la buena por mala

Dio a mi soledad
las noches de espera;
y a mi despertar,
inquietud, tragedia.
Dicen que el amor
la vida te cambia,
aunque en el dolor
yo encontré la calma.

A mí, sin embargo,
me cambió de suerte...
El amor me dió
al final: La Muerte.
Silvia Blanco poeta*Argentina

MALDICIÓN

Mi vida sin vos,son días
de tristezas,de penas,
de falsas alegrías.
Es vano todo esfuerzo;
muy duro mi camino.
No habrá alegría alguna
si vos no estás conmigo.
Mi vida,sin vos no hay vida.
Todo lo mío se llenará de muerte.
¡Muerte las flores. Muerte mis ojos!
¡Muere mi cuerpo al no sentir tu cuerpo!
¡Muere la luna y no dormí sin verte!
¡Muere, amor mío!, sino estoy en tu suerte.

Muerte de nuevo tan sólo al recordarte.
No es veraz mi camino si vivo
porque llevo colgado de mi nombre:
la muerte en mi apellido.
¿Debo morir,entonces por amarte?
¿Debo vivir,entonces sin tenerte?
Que es maldita mi sangre y ternura mi alma.
Que es cardo mi camino y al abrazar mi cuerpo
desencarnarte vivo,es mi castigo.
¡Te amo con todo el corazón!
y si quieres quedarte...
Ahora sabes que es dolor mi sendero.
Dolor,nuestro camino.
Dolor lejos de mí;dolor al lado mío.

Silvia Blanco poeta*Argentina

DESENCUENTRO

He regresado a visitarte
y me dijeron que te fuiste;
que me esperaste tantas lluvias;
que te secaste de solo y triste.
Que quebraron de llanto tus sonrisas.
Que cuando enfermo, desvaneciste.
Ya no hubo amor que atendiera tus deseos.
Ya no mujer, si no veías mi figura.
No había sol que reviviera tus anhelos.
¿Dónde estaban todas?...No había ninguna.

Quise explicarte que he esperado tu visita.
Y te dijeron que ya no estaba.
Que era vestida de noche y de silencio,
que te necesitaba.
Junto a mi cama,la ausencia de tu cuerpo
y en mi mente,tu cara.
Esperando que pudieras perdonarme
y que te perdonara.
Y dejando el orgullo el mismo día,
salimos a buscarnos.
Y esperamos como nunca
hasta hacerse la noche,
y ninguno de los dos,regresamos.
¡Fue tanto el tiempo que se había perdido!
¡Fueron tantas las ganas!
Que se burló el destino en “desencuentro”,
para amarnos mañana,
todo el tiempo que no nos perdonamos.

Silvia Blanco poeta*Argentina

ALGUIEN PARTE

Amanece.Un girasol que rompe lo que oscuro,
y define que el ayer se termina.
Un mal presagio,que presume…
Una almohada que chorrea lágrimas retenidas.

Gotea una,más una vez,la tinta colorada,
de un corazón latente, en decadencia.
Gotea y, se abre en llamaradas…
¡Alguien parte, de alguien que se queda!

Y chorrea.Y gotea.Y se quema.

No sé,¿se sufre igual?
¿la lágrima que fue quedada
y,la que derramada va?
Dos llamas separadas…

¡Juntas quemaban más!

Gotea una,más una vez,la tinta colorada;
una almohada que lágrimas chorrea;
gotea,se rompe una,dos almas…
Alguien parte,de alguien que se queda.

Silvia Blanco poeta*Argentina

EXPLOSIONES EN LA TIERRA

Te dejan monedas en los bolsillos,
vienen por tu riqueza,
te ofrecen cáncer para tus hijos.

Luego se asusta la humanidad,
cuando despiertan los gigantes de los cerros
escupiendo ceniza y lava
sobre los pueblos:
dolor y rabia.
No siempre tan inocentes:
individuales,indiferentes...

La tierra vengó sus explosiones.
Zamarreó los gigantes dormidos,
dinamitó con sismos de alaridos,
desde su entraña las napas,con dolores
pariendo el caos,lo que fue paraíso.
Le pedí a Dios que sople de la órbita,esta tierra
pero por piedad,no quiso.
Él,todo no lo puede;
en esta guerra,con su abogado perdió su juicio.

Silvia Blanco poeta*Argentina

LA FLOR: EL AMOR

La flor,se miró en el espejo,
se sintió muy sola,
se encontró muy lejos
y tembló en las horas
y lloró de miedo.
La flor que una tarde
se miró formada
recordó quién era,que fue una semilla;
se mojó la cara
con una sonrisa.
Supo que la brisa,la hamacaba leve;
que tuvo raíces, amargas raíces.
Que hubo primaveras que vistió colores
y los sinsabores, vio sus ojos tristes.
Se dio cuenta un día que tenía alma
cuando el hombre, le dio noches grises,
el hombre que amaba.
Que entre las tinieblas partió un arco-iris.
Y se sintió grande,¡tan grande y amada!
Cuando hizo feliz a alguien,
cuando la buscaban.
Recordó ¡tan triste! que también lloraba.
Supo que era vida.
Se sintió mejor.
¡La flor!, poesía, la flor.
Extendió sus hojas al cielo;
dio gracias a Dios.
Supo que era vida.
Se sintió mejor.
Supo que ella era…
Realmente"El Amor".

Silvia Blanco poeta*Argentina

ENTREGA

Voy a guardar un silencio absoluto
para escucharme decirte “te quiero”.
nos quedaremos juntos.
Nos marcharemos lejos;
allí ,donde termine el tuyo
y comience mi cuerpo.
Cerraremos los sonidos del mundo
y escucharé como eco,
el murmullo profundo
y continuo del “te quiero”.
Que quedará clavado
en mi cerebro,
como promesa,eterna de tus labios,
a cumplir,luego.
Después de amar la pausa,
después,de repetidos besos.
Sabrás que ya no alcanza,apretarte
abrazando tu cuerpo.
Verás que no hará falta
ni repetir “te quiero”.
Nos quedaremos juntos,
allí,donde comience,el tuyo
y termine mi cuerpo.

Silvia Blanco poeta*Argentina

CON LA ÚLTIMA ESTRELLA Y LA PRIMERA LUNA

Si puedes ver tras el gris de mis ojos…
Verás una mañana,por ejemplo.
Me verás junto a tu lecho,roto
y deshecho
bajo mis tristes ojos.
Dirás como si nada
que nada habrá pasado,
tendrá raíces rojas ,mi mirada,
comprenderás que igual te amo.
Y por éso lloro,
por eso mi tristeza.
Verás una mañana,por ejemplo
apagarme con la última estrella
y al escalar el horizonte,la luna
me pensarás como el primer deseo.
Gritaré desesperada que no te ama ninguna,
ni existirá,como mi amor.¡Te quiero!
Me apagaré, al entregarme ,con la última estrella;
última,amaneciendo,lenta y tarde;
llena de brillo y luz;ardiendo en fuego,
me apagaré al amarte.
Y naceré como el primer deseo…
primera,anocheciendo,ligera y grande;
llena de luz y brillo;ardiendo en ganas,
me encenderé al amarte.

Silvia Blanco poeta*Argentina

POR DETENERME (DESTIEMPO)

Íbamos de la mano,caminando.
Te quise,me querías.
Te preparaste a cortarme una rosa,
y triste de esperarte
di otra mano a la mía.
Sabías que era astilla el camino
y seguimos por valles y por vías.
Me detuve un segundo y,vos conmigo,
a mirar las estrellas y,las mismas.
Íbamos de la mano,distraídos.
Nos extrañamos algo,
me demoré,para traerte un poco de cielo
con un Te Amo en los labios.
Y al alcanzarte rebalsando mis brazos,
toqué al acariciarte una tibieza ajena,
que no era de mis manos.
Por cortar una rosa,
querer traerte el cielo
para expresarte un “te amo”…
Me quedé con el llanto en los ojos
y el deseo en los labios.

Silvia Blanco poeta*Argentina

TE ESTARÁN ESPERANDO MIS CARICIAS

Cuando estés preparando tus valijas...
Me sumaré en el recuerdo a tu equipaje,
desde quí te tocarán mis caricias.
te llevará la brisa,mi voz,en tu viaje.

Estará tu mente ocupada en el paisaje
y en mi momentos solos volarán mis sentidos
a reclamar los besos que a esperar,me brindaste.
Y esperaré a que vuelvas a quedarte conmigo.

A la hora marcada los dos nos pensaremos.
Me moriré de ganas pidiendo tu cariño,
y esperaré dormirme para hablarte en los sueños,
y estrecharte en mis brazos como abrazando a un niño.

Cuando estés preparando tus valijas...
para volver a ver la forma de mis labios;
te estarán esperando mis caricias...
Para algún día poder decirte:
¡Te Amo!

Silvia Blanco poeta*Argentina

AL MENOS NO ESTÁS SOLO

No maldigas al cielo...
si no te llena su compañía.
Al menos hay alguien a tu lado
y yo,no tengo a nadie¡estoy vacía!

No maldigas las estrellas...
si no es calma tu sed por completo.
Al menos unos labios te besan
y aquí no hay nadie para probar su aliento.

No maldigas tu grato acompañante,
quien desvive por verte la alegría.
Valora y remarca sus virtudes,
que él ha estado en momentos de tu vida.

No maldigas el cielo y las estrellas...
que al verme no cambias tu vacío.
No ocupa nadie un lugar junto a mi leña.
...¡Cuando dos juntos sienten menos el frío!

No maldigas el cielo y las estrellas...
Pide por mí,que sólo vivo.

Silvia Blanco poeta*Argentina

UNA ILUSIÓN

¡Qué cruel es el destino!
que ni pude soñarte
y, al despertar
y no encontrarte conmigo
no le encuentro sentido
a mi vida, sin amarte.
¡Que cruel es el destino!
que no pudiste darme
lo que a gritos hoy pido,
y no pude entregarte;
porque ni con los ojos
he podido tocarte.
Tu corazón dolido
me pide que me marche
y el mío destruido
nunca podrá apartarse.
He tenido contigo
lo que no tuvo nadie:
sentir que eres muy mío;
aunque algo nos separe.
Es algo ¡incomprendido!
Y he tenido contigo…
lo que no tuvo nadie:
¡Una Ilusión!

Silvia Blanco poeta*Argentina

CON UNA LÁGRIMA

Si algún día te encuentro en mi camino...
Querré besarte como alguna noche,
intentar contarte de lo mío,
y perdonarte todos los reproches.
Escuchar en mi oído tu murmullo
deslizando una lágrima en mi rostro;
teniendo en cuenta que el dolor fue mucho
y fue la causa del fin entre nosotros.

Si algún día te encuentro en mi camino...
olvidaré que mucho nos queremos.
tus ojos clavarán en los míos
y apartando las miradas,seguiremos.
Si algún día te encuentro en mi camino...
¡y gritaré te quiero!

Silvia Blanco poeta*Argentina

...Quise inventar un poema
y escuché tus palabras;
intenté dibujar una rosa sin espinas,
y pinté tu alma.
Me esforcé por crear una canción,
una mañana,
y encontré la mejor melodía,
en tu mirada.
...Quise llorar porque tenía pena
y vi caer de ti alguna lágrima.
pensé en cortarme las venas
y sangró la herida de tu palma.
Te alegras cuando tengo alegría,
me duele cuando sangras.
Quizás estás metido aquí en mi vida,
tal vez porque ¡¡¡ me amas!!!

Silvia Blanco poeta*Argentina

A.B.C....¡TE QUIERO!

Adónde tu
Blanda palma
Cultive
Dulces caricias,
Enseñe a tocar mi alma,
Fundirá la suave brisa,
Grandes,muy grandes palabras.
Hondas,profundas, sencillas.
Hilvanes de sentimientos,
Juguetes de cuando niños.
Libertad que tienes dentro,
Mientras te tengo conmigo.
No te mientas
O te engañes.
Porque el amor
Que aquí tienes
Ríe y quiere que me ames,
Sólo vive si me quieres.
Todo lo que necesita:
Un montón de lo que espero.
¡Vuelve con dulces caricias!
aYer,más que ayer te quiero;
aZules,las suaves brisas,
          y amarillo está mi cielo.
          Han cambiado sus colores
          los tristes,mis ojos negros,
          los tuyos verdes reflejan...
          que más que ayer,hoy
                              ¡te quiero!

Silvia Blanco poeta*Argentina

HOY, REBELDE

Niño,que has soñado alguna tarde...
un crecer rebalsado de alegrías,
que te miro y te miran en las calles,
ignorando una infancia destruída.

Pequeño,que pudiste ser mi hermano,
allí buscas de comer en la basura.
Hoy,rebelde.Sucios tus cabellos y tus manos.
Necesitan,Pero ¡Tanto de ternura!

Inocente,se ha acabado tu inocencia.
Y despiertas ante un mundo miserable.
Eres testigo de los días de violencia.
Necesitas que la voz de un Dios te hable.

...Pero ¿en qué crees?
Niño, que, implorando piedad,miras,
¡Si yo que tengo Amor, no creo en nadie!

Silvia Blanco poeta*Argentina

HERMANA,AMIGA

Hermana,que eres mi mejor amiga...
en ti yo busco la verdad
y,encuentro cuando mi alma destruída,
la mirada de Dios que me llega a aliviar.
Donde descanso de agobiadas heridas
y,allí estás tú cuando quiero un abrazo;
aconsejas y alientas mi alma reprendida
y afirmas la baldosa ante un mal paso.
Por ti,yo,hermana,¡doy la vida!
Y ya sabes que aquí tienes mis brazos;
mis hombros:tu bastón en la caída;
mis oídos:escucharán tu llanto,
cuando el dolor corrompa tu alegría,
como los tuyos me han escuchado tanto.
Por ti,yo,hermana¡doy la vida!
Porque Te Quiero y ¡cuánto!

Silvia Blanco poeta*Argentina

¿Y QUÉ LLEVABAN ESAS LÁGRIMAS?

Es verdad que cuando lloras…
las lágrimas muy rápidos se secan,
pero llevaron consigo cuando húmedas
la tristeza y el dolor,que un día encierran.
¿Y qué llevaban las tuyas ese Octubre?...
cuando al ardiente sol nos despedimos.
Si fuiste tú quien te alejaste y,yo no pude
aceptarlo hasta el día en que vivimos.
¿Y qué llevaban las mías ese Jueves?...
La agonía de un mundo que se hundía;
el no creer que de repente ya no vienes;
el luto frío que pintó ayer,mi alegría.
¿Y qué llevaban las de aquel amigo mío?...
al rompérsele el alma,al ver que nada
podía hacer,para aliviar mi amor dolido
y ver en mí tan pesimistas,las palabras.
¿Y qué llevaban las nuestras, sino olvido?...
El querer olvidar que yo te amaba;
el beso de tus labios;de los ojos,el brillo.
Si todo ésto igual se terminaba.
Las lágrimas mojadas saben que te he perdido.
Y las secas ya nada,¡porque han muerto conmigo!

Silvia Blanco poeta*Argentina

CUANDO MUERA EL AMOR

Cuando caigan rendidos nuestros brazos
y,tus ojos se abran al olvido
o mis labios denoten el fracazo:
uno,al otro habrá perdido.
...Y escaparán muy lejos nuestros brazos,
del amor destruido.
Cuando caigan rendidos nuestros brazos,
sólo pido
que el dolor sea leve y despacio,
para el adolorido.
Cuando caigan rendidos nuestros brazos...
y pase lo que pase:
¡Estamos vivos!

Silvia Blanco poeta*Argentina

SABOR AMARGO

Nadie puede sentir lo que siento,
nadie puede escuchar mis palabras.
Nadie puede decir te comprendo,
ni mirar con mi propia mirada.
Porque me hice un mar de ilusiones,
donde los sueños solamente navegan,
porque también sentí emociones
y porque tengo sangre en las venas.
Se ha derrumbado por ti,lo que he soñado,
y se fundió de apoco como se funde el hierro.
Con la mirada firme y el corazón doblado,
camino por las calles pintada de fierro.
Te estuve esperando,temí,no vinieras,
casi sin aliento en el largo letargo,
pensé en tu perfume,soñé tu presencia,
y quedó en mi alma: El sabor amargo.

Silvia Blanco poeta*Argentina

NO VUELVAS

Quiero pedirte tan solo
que cuando una tarde cualquiera
recuerdes del pasado,todo…
Por ti te lo ruego,¡no vuelvas!
Quisiera pedir por lo nuestro,
por lo que se llama" recuerdo".
Porque esperé en primavera
a alguien que ya nunca espero.
Quisiera tener en el alma,
tan solo un poco de perdón,
pues mi corazón está ardiendo en llamas
y encendiste el fuego que poco duró.
Quisiera además prevenirte,
muy bien no estuviste conmigo.
Sentido y dolor a mi vida le diste.
¡Sabes que te quise!no vuelvas,te pido.
No me importa herirte;
y no es un suspiro
lo que justamente
guardo para darte.
No pienses ni en sueños
que voy a abrazarte.
Puede que riendo…
pida que te marches,
y llore de rabia tal vez recordando…
la última noche cuando me dejaste

Silvia Blanco poeta*Argentina

CUANDO LLEGUE MI MUERTE

Llegará el día en que la gente
Notará mi triste y gris ausencia.
Me estaré yendo lenta, lentamente
Y esperaré mi fuga con paciencia.
Tal vez me vaya de un minuto a otro,
quizá mis ojos se cierren y no quieran.
Pararán mis latidos poco a poco
y rezaré por los que hoy se quedan.
Me besarás los labios un último segundo
y llorarás de rabia por mí como por otros.
Sacaré los pies de este terrible mundo
y olvidarás un día lo que hubo entre nosotros.
Me mirarán los hijos, los hijos que tenemos
y te harán las preguntas que nunca entendió nadie;
nos daremos las manos, y se alejarán luego.
Ya no respiraré esa tarde.
Con el último llanto temeré separarme.
Gritaré que te quiero;te abrazaré muy fuerte.
Se irá conmigo todo lo que pueda llevarme.
¿Cuándo será ese día?...
¡Cuando llegue mi muerte!

Silvia Blanco poeta*Argentina

ASESINATO X

Hoy estoy sola pero, no tan sola,
llevo en mi vientre casi veinte días.
Con el que amo no podré casarme,
comprendo, es joven, pero él lo sabía.
Sabía que fue acto de los dos,
que debía quedarse a mi lado.
Pero los suyos olvidaron el amor,
y lograron convencerlo y separarnos.
Hoy estoy sola, pero llevo dentro mío
una vida que se mueve y siente.
Con ansias espero verte, niño,
Abrazarte, besarte, conocerte.
...Y ahora, también son mis padres...
-No te ates; un hijo no es un juego.
Eso dicen, no me ven como Madre.
Me quemé,jugué con fuego.
Pero quise quemarme.
No quiero consejos, prefiero comprensión.
¡Ayuda!no lo dejen morir.
Él es el resultado de mi amor
y tiene el derecho de vivir.
Camino a la clínica obligada.
¡Todo listo! En blanco el delantal.
Ustedes no comprenden nada...
¡¡¡Que es mi hijo al que acaban de matar!!!

Silvia Blanco poeta*Argentina

DE POETA A LA TIERRA

La poesía es un estado mágico de éxtasis
que te eleva a un paraíso romántico,
existen los príncipes y princesas...
que aceleran tu pulso,que genera endorfinas...
Los ángeles traviesos revolean sus flechas
en corazones,a veces no indicados...
Y al volver a la tierra,ya no somos lo mismo:
apenas lagartija,apenas renacuajo.

Silvia Blanco poeta*Argentina

ENCERRÁNDOTE

Te vas hacia adentro,escapando de miradas externas.
¡Es tan profundo tu viaje hacia ti! que desde tu afuera,apenas te veo.
Te ocultas entre pilas de emociones inexplicables,
Podrás salir si desde afuera te tironean y tú abres el camino desde adentro.
Hay veces que solo no se puede...
¡Intenta permitir que te lleguen mis manos y tiremos juntos!

Silvia Blanco poeta*Argentina

24 DE MARZO (Día Nacional de la Memoria por la Verdad y la Justicia)

Hay quienes se van porque quieren,
buscando un futuro o un amor.
Hay quienes un cielo o un infierno
su hora marcó
Hay quienes nunca debieran haberse ido.
Hay quienes no se van,sin justicia...
¡LOS DESAPARECIDOS!

Silvia Blanco poeta*Argentina

MIRADAS AL CAYADO

La ocasión nos cruzó en un mismo lugar...
Hicimos lo posible para no mirarnos,
pero fue inevitable,tus ojos me buscaban,
los míos impactaron para dar en el blanco,
cuadrante superior,arriba de tus labios,
cayendo el proyectil derretido en el arco
cayado coronario.
Esquivamos miradas,
los dos disimulando.
Seguimos como nada,
¡porque nada ha pasado!

Silvia Blanco poeta*Argentina

AMOR DE POETAS

Déjame sanar tu corazón,
tú traes las ganas,
yo ofrezco el remedio:
caricias y sueños a cumplir por dos.
Yo traigo mi alma,
tú pones los besos,
yo llevo las rimas
y tú,la emoción.
Metáforas sobran,
delirios de amantes.
Con mi Poesía
y tu melodía
yo te haré el Amor

Silvia Blanco poeta*Argentina

3) VIENTO

Soy como el viento:
No porque no me veas,
no existo.
Mira por donde paso...
Verás los Beneficios
de mi frescura en verano
o la secuela que dejé
convertida en tornado.
¡En Viento,me convertí!

Silvia Blanco poeta*Argentina

HACE SILENCIO

Disculpa,si entré a tu vida haciendo mucho ruido
y revolucioné tu espíritu y tu calma.
Así de estrepitosa no será mi salida,
me fui alejando de a poco.
Ya escuchas más lejos mis pasos.
Ya no sabrás de mí.
Cuando el amor se va...hace silencio.
(...)
Ya no estoy para ti.
Ya no estoy.
Ya no.
Yaaa,
desaparecí.

Silvia Blanco poeta*Argentina

LUNA RADIANTE

No es que la Luna
sea fría...Shhhh...
es que el Sol ya
no la calienta.
...Menguante...

Ahora se encandiló
con el Lucero,el del alba
(menos calentito
pero lleno de luz)
...Creciente...

Y Ella,que refleja
la luz de los astros,
ahora anda plena.
¡Radiante!
...Luna llena..

Silvia Blanco poeta*Argentina

PRESAGIO (Agosto de 2016)

Venían por sangre...
pero como de lejos no se olía,
desde aquí adentro,le ablandaron el cadáver.
Levantaron sus pies,¡cruel agonía!
Buitres de afuera,sanguijuelas adentro...
Nuevamente mi Patria se moría.
La eligieron morir,desprotegida.

Silvia Blanco poeta*Argentina

PROSPECTO DE TI

La próxima vez que me enamore
pediré al cielo,que de ti me indique:
* instrucciones.
* Si tienes efectos secundarios
y contraindicaciones.
* Si quiero o no tomarte.
* Si generas adicciones.
* Sublingual,de besos dulces
o en mi piel,debo aplicarte.
* Si produces contracturas
de Amor o eres mío-relajante.
¡Arritmias mi corazón,
más mi pasión se hace única!
Conviertes esta afección,
la de Nuestro Amor,en crónica.

Silvia Blanco poeta*Argentina

2-AMOR EN CLÁYPOLE

Encontrar el amor donde te cruce...
debajo de unas rimas,charla,café mediante,
caminando en otoño,solitaria
o dónde quieras enamorarme...
Cláypole: ya no están los eucaliptus
donde en su sombra me besaste.

Silvia Blanco poeta *Argentina

6-AMOR EN BURZACO

Encontrar el amor caminando la plaza.
Los cóndores vigilan inmóviles,el primer monumento.
Mi bandera se agita ansiando tu llegada.
Burzaco:coordenadas,me ves y yo te veo.
¡Nuestras almas besadas!

Silvia Blanco poeta* Argentina

8-AMOR en SAN FRANCISCO SOLANO

Encontrar el amor entre calles impares
y pares que se cruzan,perdido de otra cita.
Te busco entre zorzales,calandrias y jilgueros.
Traes jazmines,amapolas,margaritas.
Solano:aves y flores para este amor que quiero.
Mi pensamiento un "no me olvides",necesita.

Silvia Blanco poeta *Argentina

REFLEXIONES:"ÉSE,EL MOROCHO DE SIRIA"

¿Algo peor que las guerras?
Sí,los niños de las guerras.Siempre los niños y las niñas los que más sufren.Siempre
los adultos,los culpables.Los que tienen el poder,la ambición,los sádicos,los crueles.
Más hombres que mujeres.
Los más inteligentes manejan los hilos,las marionetas ponen el cuerpo para aumentarles
la codiciade la maldad.Los pervertidos aprovechan el ambiente para satisfacer
su instinto criminal.
Las organizaciones no pueden salvarlos,se entiende,son adultos.
¿Y si consultaran a los niños?...ellos tienen las respuestas,claro,pero no conviene,
el negocio no cierra(el de la guerra),el que cotiza en bolsa,en la bolsa de los muertos,
de los niños dejados morir,en stand byde las organizaciones.
Y en el medio,desamparados:los niños,víctimas del horror...Los que quedan sin padres,
que mendigan deambulantes,que se cuidan entre niños,que se vuelven adultos
rodeados de monstruosde toda calamidad.Niños y niñas escondidos a la vista de todos.
Los ángeles entre el horror humano corren invisibles sin dar abasto a cuidarlos.
Acude hacia ése,el de diez años,el morocho de Siria,el que está acurrucado
con sus dedos entrelazados por un rezo...¡DIOS,SOCÓRREME!

Silvia Blanco poeta*Argentina

Printed by Books on Demand GmbH, Norderstedt / Germany